बिहार के प्रमुख साहित्यकार

गणेश रजवार

स्वर्ण जयन्ती

अरुण माहेश्वरी

मण्डोली रोड सेवाधाम, निकट- पानी की टंकी नं.-4

दिल्ली

फ़ोनः +91 11 65456828

प्रथम संस्करणः 2011 ISBN : 81-88599-93-X मूल्य : ₹ 40

रामधारी सिंह दिनकर

रामधारी सिंह दिनकर भारत में हिन्दी के एक प्रमुख लेखक, कवि, निबंधकार थे। राष्ट्र कवि दिनकर आधुनिक युग के श्रेष्ठ वीर रस के कवि के रूप में स्थापित हैं और बिहार प्रांत के बेगुसराय जिले का सिमरिया घाट कवि दिनकर की जन्मस्थली है। इन्होंने इतिहास, दर्शनशास्त्र और राजनीति विज्ञान की पढ़ाई पटना विश्वविद्यालय से किया था। साहित्य के रूप में इन्होंने संस्कृत, बांग्ला, अंग्रेजी और उर्दू का गहन अध्ययन किया था। ज्ञानपीठ पुरस्कार विजेता हैं।

रामधारी सिंह दिनकर

रामधारी सिंह दिनकर स्वतंत्रता पूर्व के विद्रोही कवि के रूप में स्थापित हुए और स्वतंत्रता के बाद राष्ट्रकवि के नाम से जाने जाते रहे। वे छायावादोत्तर कवियों की पहली पीढ़ी के कवि थे। एक ओर उनकी कविताओ में ओज, विद्रोह, आक्रोश और क्रांति की पुकार है, तो दूसरी ओर कोमल श्रृंगारिक भावनाओं की अभिव्यक्ति है। इन्हीं दो प्रवृत्तियों का चरम उत्कर्ष हमें कुरुक्षेत्र और उर्वशी में मिलता है। उर्वशी को छोड़कर, दिनकर जी की अधिकतर रचनाएँ वीर रस से ओतप्रोत हैं। उनकी महान रचनाओं में रश्मिरथी और परशुराम की प्रतीक्षा शामिल हैं । भूषण के बाद उन्हें वीर रस का

सर्वश्रेष्ठ कवि माना जाता है। आचार्य हजारी प्रसाद द्विवेदी ने कहा कि दिनकर जी गैर–हिंदीभाषियों के बीच हिंदी के सभी कवियों में सबसे ज्यादा लोकप्रति थे। उन्होंने कहा कि दिनकरजी अपनी मातृभाषा से प्रेम करने वालों के प्रतीक थे।

दिनकरजी को उनकी रचना कुरुक्षेत्र के लिए काशी नागरी प्रचारिणी सभा, उत्तर प्रदेश सरकार और भारत सरकार सम्मान मिला। संस्कृति के चार अध्याय के लिए उन्हें 1959 में साहित्य अकादमी से सम्मानित किया गया। भारत के प्रथम राष्ट्रपति डॉ. राजेंद्र प्रसाद ने उन्हें 1959 में पद्म विभूषण से सम्मानित किया. भागलपुर विश्वविद्यालय के तत्कालीन कुलाधिपति और बिहार के राज्यपाल जाकिर हुसैन, जो बाद में भारत के राष्ट्रपति बने, ने उन्हें डॉक्ट्रेट की मानाद उपाधि से सम्मानित किया। 1968 में राजस्थान विद्यापीठ ने उन्हें साहित्य–चूड़ामणि से सम्मानित किया। वर्ष 1972 में काव्य रचना उर्वशी के लिए उन्हें ज्ञानपीठ पुरस्कार से सम्मानित किया गया। 1952 में वे राज्यसभा के लिए चुने गए और लगातार तीन बार राज्यसभा के सदस्य रहे।

रामवृक्ष बेनीपुरी

रामवृक्ष बेनीपुरी– भारत के एक महान विचारक, चिन्तक, मनन करने वाले क्रान्तिकारी साहित्यकार, पत्रकार, संपादक के रूप में अविस्मणीय विभूति हैं। बेनीपुरी जी हिन्दी साहित्य के शुक्लोत्तर युग प्रसिद्ध साहित्यकार थे। इनका जन्म 23 दिसंबर 1899 को उनके पैतृक गाँव मुजफ्फरपुर जिले (बिहार) के बेनीपुर गाँव के एक भूमिहर ब्राह्मण परिवार में हुआ था। उसी के आधार

पर उन्होंने अपना उपनाम 'बेनीपुरी' रखा था। उनकी प्राथमिक शिक्षा ननिहाल में हुई थी। मैट्रिक पास करने के बाद वे असहयोग आंदोलन में शामिल हो गये। उनकी भाषा–वाणी प्रभावशाली थी। उनका व्यक्तित्व आकर्षक एवं शौर्य की आभा से दीप्त था। वे एक सफल संपादक के रूप में भी याद किये जाते हैं। वे राजनीतिक पुरुष न थे, पक्के देशभक्त थे। इन्होंने भारतीय स्वतंत्रता संग्राम में आठ वर्ष जेल में बिताये थे। ये हिन्दी साहित्य के पत्रकार भी रहे और इन्होंने कई समाचारपत्रों जैसे युवक (1929) भी निकाले। इसके अलावा कई राष्ट्रवादी और स्वतंत्रता संग्राम संबंधी कार्यों में संलग्न रहे। 9 सितंबर 1968 को वे इस संसार से विदा हो गये।

रामवृक्ष बेनीपुरी

रामवृक्ष बेनीपुरी की आत्मा में राष्ट्रीय भावना लहू के संग ही बहती थी जिसके कारण आजीवन वह चैन की साँस न ले सके। उनके फुटकर लेखों से और उनके साथियों के संस्मरणों से ज्ञात होता है कि जीवन के प्रारंभ काल से ही क्रान्तिकारी रचनाओं के कारण बार–बार उन्हें कारावास भोगना पड़ता। सन् 1942 में अगस्त क्रांति आंदोलन के कारण उन्हें हजारीबाग जेल में रहना पड़ा। जेलवास में भी वह शान्त नहीं बैठ सकते थे। वे वहाँ जेल में भी आग भड़काने वाली रचनायें लिखते। जब भी वे जेल से बाहर आते उनके हाथ में दो–चार

ग्रन्थों की पाण्डुलिपियाँ अवश्य होतीं, जो आज साहित्य की अमूल्य निधि बन गई। उनकी अधिकतर रचनाएँ जेलवास की कृतियाँ हैं।

सन् 1930 के कारावास काल के अनुभव के आधार पर पतितों के देश में उपन्यास का सृजन हुआ। इसी प्रकार सन् 1942 में अंग्रेज भारत छोड़ने पर विवश हुए तो सभी राजनैतिक एवं देशभक्त नेताओं को रिहा कर दिया गया। उनमें रामवृक्ष बेनीपुरी जी भी थे। कारागार से मुक्ति की पावन पवन के साथ साहित्य की उत्कृष्ट रचना माटी की मूरतें कहानी संग्रह और आम्रपाली उपन्यास की पाण्डुलिपियाँ उनके उत्कृष्ट विचारों को अपने अन्दर समा चुकी थीं। उनकी अनेक रचनायें जो यश कलगी के समान हैं उनमें जयप्रकाश, नेत्रदान, सीता की माँ, विजेता, मील के पत्थर, गेहूं और गुलाब, शामिल हैं। "शेक्सपीयर के गाँव में" और "नींव की ईंट" इन लेखों में भी रामवृक्ष बेनीपुरी ने अपने देश प्रेम, साहित्य प्रेम, त्याग की महत्ता, साहित्यकारों के प्रति सम्मान भाव दर्शाया है, वह अविस्मरणीय है।

स्वामी सहजानन्द सरस्वती

स्वामी सहजानन्द सरस्वती (1889–1950)– भारत के राष्ट्रवादी नेता एवं स्वतंत्रता संग्राम सेनानी थे। वे भारत में किसान आन्दोलन के जनक थे। वे आदि शंकराचार्य सम्प्रदाय के दसनामी संन्यासी अखाड़े के दण्डी संन्यासी थे। वे एक बुद्धिजीवी, लेखक, समाज–सुधारक, क्रान्तिकारी, इतिहासकार एवं किसान–नेता थे। उन्होंने "हुंकार" नामक एक पत्र भी

सहजानन्द सरस्वती

प्रकाशित किया। स्वामी सहजानन्द सरस्वती का जन्म उत्तर प्रदेश के गाजीपुर जनपद में एक ब्राह्मण परिवार में हुआ था। उनकी आरम्भिक राजनैतिक गतिविधियाँ अधिकतर बिहार में केन्द्रित थीं और अखिल भारतीय किसान सभा के निर्माण के बाद पूरे भारत में फैलीं। उन्होंने पटना के निकट बिहटा में एक आश्रम बनाया था जहाँ से अपने जीवन के उत्तरार्ध के सारे काम संचालित करते थे। स्वामी सहजानन्द की पुण्य स्मृति में उनके गृह जनपद गाजीपुर में स्वामी सहजानन्द स्नातकोत्तर महाविद्यालय स्थापित है।

राहुल सांकृत्यायन

राहुल सांकृत्यायन– जिन्हें महापंडित की उपाधि दी जाती है हिन्दी के एक प्रमुख साहित्यकार थे। वे एक प्रतिष्ठित बहुभाषाविद् थे और बीसवीं सदी के पूर्वार्ध में उन्होंने यात्रा वृत्तांत/यात्रा साहित्य तथा विश्व–दर्शन के क्षेत्र में साहित्यिक योगदान किए। वह हिंदी यात्रा सहित्य के पितामह कहे जाते हैं। बौद्ध धर्म पर उनका शोध हिन्दी साहित्य में युगान्तरकारी माना जाता है, जिसके लिए उन्होंने तिब्बत से लेकर श्रीलंका तक भ्रमण किया था। इसके अलावा उन्होंने मध्य–एशिया तथा कॉकेशस भ्रमण पर भी यात्रा वृत्तांत लिखे जो साहित्यिक

राहुल सांकृत्यायन

दृष्टि से बहुत महत्वपूर्ण हैं। राहुल सांकृत्यायन के जीवन का मूलमंत्र ही घुमक्कड़ी उनके लिए वृत्ति नहीं वरन् धर्म था। आधुनिक हिन्दी साहित्य में राहुल सांकृत्यायन एक यात्राकार, इतिहासविद्, तत्वान्वेषी, युगपरिवर्तनकार साहित्यकार के रूप में जाने जाते हैं। राहुल जी वास्तव के ज्ञान के लिए गहरे असंतोष में थे, इसी असंतोष को पूरा करने के लिए वे हमेशा तत्पर रहे। उन्होंने हिन्दी साहित्य को विपुल भण्डार दिया।

उन्होंने मात्र हिन्दी साहित्य के लिए ही नहीं बल्कि वे भारत के कई अन्य क्षेत्रों के लिए भी उन्होंने शोध कार्य किया। यह केवल राहुल जी थे, जिन्होंने प्राचीन और वर्तमान भारतीय साहित्य चिंतन को पूर्ण रूप से आत्मसात् कर मौलिक दृष्टि देने का प्रयास किया। उनके उपन्यास और कहानियाँ बिल्कुल नए दृष्टिकोण को हमारे सामने रखते हैं। तिब्बत और चीन के यात्रा काल में उन्होंने हजारों ग्रंथों का उद्धार किया और उनके सम्पादन और प्रकाशन का मार्ग प्रशस्त किया, ये ग्रन्थ पटना संग्रहालय में हैं। यात्रा साहित्य में महत्वपूर्ण लेखक राहुल जी रहे है। उनके यात्रा वृत्तांत में यात्रा में आने वाली कठिनाइयों के साथ उस जगह की प्राकृतिक सम्पदा, उसका आर्थिक और सांस्कृतिक जीवन और इतिहास अन्वेषण का तत्व समाहित होता है। "किन्नर देश की ओर", "कुमाऊँ", "दार्जिलिंग परिचवृतांय" तथा "यात्रा के पन्ने" उनके ऐसे ही ग्रन्थ हैं।

फणीश्वरनाथ रेणु

फणीश्वरनाथ रेणु

फणीश्वरनाथ रेणु– एक हिन्दी साहित्यकार थे। इन्होंने प्रेमचंद के बाद के काल में हिन्दी में श्रेष्ठतम गद्य रचनाएँ कीं। इनके पहले उपन्यास मैला आँचल को बहुत ख्याति मिली थी जिसके लिए उन्हें पद्मश्री पुरस्कार से सम्मानित किया गया था। फणीश्वरनाथ रेणु का जन्म बिहार के अररिया जिले के फॉरबिसगंज के निकट औराही हिंगना ग्राम में हुआ था। प्रारंभिक शिक्षा फॉरबिसगंज तथा अररिया में पूरी करने के बाद इन्होंने मैट्रिक नेपाल के विराटनगर के विराटनगर आदर्श विद्यालय से कोईराला परिवार में रहकर की। इन्होंने इन्टरमीडिएट काशी हिन्दू विश्वविद्यालय से 1942 में की जिसके बाद वे स्वतंत्रता संग्राम में कूद पड़े। बाद में 1950 में उन्होंने नेपाली क्रांतिकारी आन्दोलन में भी हिस्सा लिया जिसके परिणामस्वरूप नेपाल में जनतंत्र की स्थापना हुई। सन् 1952–53 के समय वे भीषण रूप से रोगग्रस्त रहे थे जिसके बाद लेखन की ओर उनका झुकाव हुआ। उनके इस काल की झलक उनकी कहानी तबे एकला चलो रे में मिलती है। उन्होंने हिन्दी में आंचलिक कथा की नींव रखी। सच्चिदानन्द हीरानन्द वात्स्यायन अज्ञेय, एक समकालीन कवि, उनके परम मित्र थे। इनकी कई रचनाओं में कटिहार के रेलवे स्टेशन का उल्लेख मिलता है।

गोपाल सिंह नेपाली

गोपाल सिंह नेपाली

गोपाल सिंह नेपाली– हिन्दी एवं नेपाली के प्रसिद्ध कवि थे। उन्होंने बम्बइया हिन्दी फिल्मों के लिए गाने भी लिखे। वे एक पत्रकार भी थे जिन्होंने "रतलाम टाइम्स", चित्रपट, सुधा, एवं योगी नामक चार पत्रिकाओं का सम्पादन भी किया। सन् 1962 के चीनी आक्रमन के समय उन्होंने कई देशभक्तिपूर्ण गीत एवं कविताएँ लिखीं जिनमें "सावन", "कल्पना", "नीलिमा", "नवीन कल्पना करो" आदि बहुत प्रसिद्ध हैं। गोपाल सिंह नेपाली का जन्म 11 अगस्त, 1911 को बिहार के पश्चिमी चम्पारन के बेतिया में हुआ था। उनका मूल नाम गोपाल बहादुर सिंह है। 17 अप्रैल, 1963 को इनका निधन हो गया था।

1933 में बासठ कविताओं का इनका पहला संग्रह 'उमंग' प्रकाशित हुआ था। 'पंछी' 'रागिनी' 'पंचमी' 'नवीन' और 'हिमालय ने पुकारा' इनके काव्य और गीत संग्रह हैं। नेपाली ने सूर्यकांत त्रिपाठी 'निराला' के साथ 'सुधा' मासिक पत्र में और कालांतर में 'रतलाम टाइम्स', 'पुण्य भूमि' तथा 'योगी' के संपादकीय विभाग में काम किया था। मुंबई प्रवास के दिनों में नेपाली ने तकरीबन चार दर्जन फिल्मों के लिए गीत भी रचा था। उसी दौरान इन्होंने 'हिमालय फिल्म्स' और 'नेपाली पिक्चर्स' की स्थापना की थी।

निर्माता–निर्देशक के तौर पर नेपाली ने तीन फीचर फिल्मों–नजराना, सनसनी और खुशबू का निर्माण भी किया था।

बाबू देवकीनन्दन खत्री

बाबू देवकीनन्दन

बाबू देवकीनन्दन खत्री–देवकीनन्दन खत्री जी का जन्म 29 जून 1861 (आषाढ़ कृष्णपक्ष सप्तमी संवत 1918) शनिवार को पूसा, मुजफ्फ़रपुर, बिहार में हुआ था। उनके पिता का नाम लाला ईश्वरदास था। उनके पूर्वज पंजाब के निवासी थे तथा मुग़लों के राज्यकाल में ऊँचे पदों पर कार्य करते थे। महाराज रणजीत सिंह के पुत्र शेरसिंह के शासनकाल में लाला ईश्वरदास काशी में आकर बस गये। देवकीनन्दन खत्री जी की प्रारम्भिक शिक्षा उर्दू–फ़ारसी में हुई थी। बाद में उन्होंने हिंदी, संस्कृत एवं अंग्रेजी का भी अध्ययन किया।

खत्री जी हिंदी के प्रथम तिलिस्मी लेखक थे। उन्होंने चंद्रकांता, चंद्रकांता संतति, काजर की कोठरी, नरेंद्र–मोहिनी, कुसुम कुमारी, वीरेंद्र वीर, गुप्त गोंडा, कटोरा भर, भूतनाथ जैसी रचनाएँ की। "भूतनाथ" को उनके पुत्र दुर्गा प्रसाद खत्री ने पूरा किया। हिंदी भाषा के प्रचार प्रसार में उनके उपन्यास चंद्रकांता का बहुत बड़ा योगदान रहा है। इस उपन्यास ने सबका मन मोह

लिया। इस किताब के रसास्वादन के लिए कई गैर–हिंदीभाषियों ने हिंदी सीखी। बाबू देवकीनंदन खत्री ने "तिलिस्म", "ऐय्यार" और "ऐय्यारी" जैसे शब्दों को हिंदी भाषियों के बीच लोकप्रिय बनाया।

आरंभिक शिक्षा समाप्त करने के बाद वे गया के टेकारी इस्टेट पहुँच गई और वहाँ के राजा के यहां नौकरी कर ली। बाद में उन्होंने वाराणसी में एक प्रिंटिंग प्रेस की स्थापना की और 1883 में हिंदी मासिक 'सुदर्शन' की शुरुआत की. देवकीनन्दन खत्री जी का काशी नरेश ईश्वरीप्रसाद नारायण सिंह से बहुत अच्छा संबंध था। इस संबंध के आधार पर उन्होंने चकिया और नौगढ़ के जंगलों के ठेके लिये। देवकीनन्दन खत्री जी बचपन से ही सैर–सपाटे के बहुत शौकीन थे। इस ठेकेदारी के काम से उन्हें पर्याप्त आय होने के साथ ही साथ उनका सैर–सपाटे का शौक भी पूरा होता रहा। वे लगातार कई–कई दिनों तक चकिया एवं नौगढ़ के बीहड़ जंगलों, पहाड़ियों और प्राचीन ऐतिहासिक इमारतों के खँडहरों की खाक छानते रहते थे। कालान्तर में जब उनसे जंगलों के ठेके छिन गये तब इन्हीं जंगलों, पहाड़ियों और प्राचीन ऐतिहासिक इमारतों के खँडहरों की पृष्ठभूमि में अपनी तिलिस्म तथा ऐयारी के कारनामों की कल्पनाओं को मिश्रित कर उन्होंने चन्द्रकान्ता उपन्यास की रचना की।

विद्यापति

विद्यापति– भारतीय साहित्य की भक्ति परंपरा के प्रमुख स्तंभों में से एक और मैथिली के सर्वोपरि कवि के रूप में जाने जाते हैं। इनके काव्यों में मध्यकालीन मैथिली भाषा के स्वरूप

का दर्शन किया जा सकता है। इन्हें वैष्णव और शैव भक्ति के सेतु के रूप में भी स्वीकार किया गया है। मिथिला के लोगों को "देसिल बयना सब जन मिट्ठा" का सूत्र दे कर इन्होंने उत्तरी–बिहार में लोकभाषा की जनचेतना को जीवित करने का महती प्रयास किया है। मिथिलांचल के लोकव्यवहार में प्रयोग किये जानेवाले गीतों में आज भी विद्यापति की श्रृंगार और भक्ति रस में पगी रचनायें जीवित हैं। पदावली और कीर्तिलता इनकी अमर रचनायें हैं। महाकवि विद्यापति संस्कृत, अबहट्ठ, मैथिली आदि अनेक भाषाओं के प्रकाण्ड पंडित थे। शास्त्र और लोक दोनों ही संसार में उनका असाधारण अधिकार था। कर्मकाण्ड हो या धर्म, दर्शन हो या न्याय, सौन्दर्य शास्त्र हो या भक्ति रचना, विरह व्यथा हो या अभिसार, राजा का कृतित्व गान हो या सामान्य जनता के लिए गया में पिण्डदान, सभी क्षेत्रों में विद्यापति अपनी कालजयी रचनाओं के बदौलत जाने जाते हैं।

विद्यापति

बाबा नागार्जुन

नागार्जुन– हिन्दी और मैथिली के अप्रतिम लेखक और कवि थे। उनका असली नाम वैद्यनाथ मिश्र था परंतु हिन्दी साहित्य में उन्होंने नागार्जुन तथा मैथिली में यात्री उपनाम से रचनाएँ कीं। इनके पिता श्री गोकुल मिश्र तरउनी गाँव के एक किसान थे और खेती के अलावा पुरोहिती आदि के सिलसिले

बाबा नागार्जुन

में आस–पास के इलाकों में आया–जाया करते थे। उनके साथ–साथ नागार्जुन भी बचपन से ही यात्री हो गए। आरंभिक शिक्षा प्राचीन पद्धति से संस्कृत में हुई किन्तु आगे स्वाध्याय पद्धति से ही शिक्षा बढ़ी। राहुल सांकृत्यायन के संयुक्त निकाय का अनुवाद पढ़कर वैद्यनाथ की इच्छा हुई कि यह ग्रंथ मूल पालि में पढ़ा जाए। इसके लिए वे लंका चले गए जहाँ वे स्वयं पालि पढ़ते थे और मठ के भिक्षुओं को संस्कृत पढ़ाते थे। यहाँ उन्होंने बौद्ध धर्म की दीक्षा ले ली। नागार्जुन को 1965 में साहित्य अकादमी पुरस्कार से उनके ऐतिहासिक मैथिली रचना पत्रहीन नग्न गाछ के लिए 1969 में नवाजा गया था। उन्हें साहित्य अकादमी ने 1994 में साहित्य अकादमी फेलो के रूप में नामाँकित कर सम्मानित भी किया था।

रामशरण शर्मा

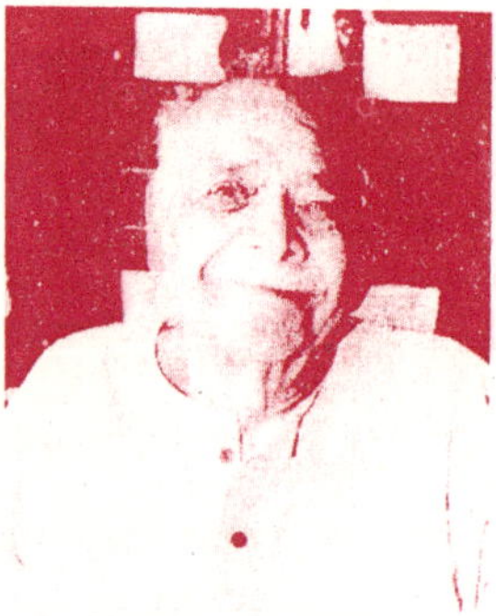

रामशरण शर्मा

रामशरण शर्मा– एक भारतीय इतिहासकार हैं। उन्होंने दिल्ली विश्वविद्यालय (1973–85) और टोरंटो विश्वविद्यालय में अध्यापन कार्य किया है, और साथ ही लंदन विश्वविद्यालय के स्कूल ऑफ ओरिएंटल एंड अफ्रीकन स्टडीज में एक सीनियर फेलो, विश्वविद्यालय अनुदान आयोग के

नेशनल फेलो (1958–81) और 1975 में इंडियन हिस्ट्री कांग्रेस के अध्यक्ष भी रह चुके हैं। 1970 के दशक में दिल्ली विश्वविद्यालय के इतिहास विभाग के डीन के रूप में प्रोफेसर आर.एस. शर्मा के कार्यकाल के दौरान विभाग का व्यापक विस्तार किया गया था. विभाग में अधिकांश पदों की रचना का श्रेय प्रोफेसर शर्मा के प्रयासों को दिया जाता है. वे भारतीय ऐतिहासिक अनुसंधान परिषद (इंडियन काउंसिल ऑफ हिस्टोरिकल रिसर्च) (आईसीएचआर) के संस्थापक अध्यक्ष भी थे।

उन्होंने अब तक पंद्रह भाषाओं में प्रकाशित 115 पुस्तकें लिखी हैं। शर्मा भारतीय इतिहास लेखन के "मार्क्सवादी मत" से संबद्ध रहे हैं. 1958 में वे एक यूनिवर्सिटी प्रोफेसर बन गए। 1973–1978 तक उन्होंने दिल्ली विश्वविद्यालय में इतिहास विभाग के प्रोफ़ेसर और डीन के रूप में कार्य किया। 1969 में उन्हें जवाहरलाल फैलोशिप मिल गयी। 1972–1977 तक वे भारतीय ऐतिहासिक अनुसंधान परिषद (इंडियन काउंसिल ऑफ हिस्टोरिकल रिसर्च) के संस्थापक चेयरमैन रहे।

जॉर्ज ऑरवेल

जॉर्ज ऑरवेल– मूल नाम एरीक अर्तुर ब्लेर, 25 जून 1903 – 21 जनवरी 1950) – अंग्रेज़ी लेखक तथा लोक प्रचारक थे। जॉर्ज ऑरवेल के संबंध में खास बात यह है कि उनका जन्म भारत में ही बिहार के मोतिहारी नामक

जॉर्ज ऑरवेल

स्थान पर हुआ था। उनके पिता ब्रिटिश राज की भारतीय सिविल सेवा के अधिकारी थे। उनके जन्म के साल भर बाद ही उनकी माँ उन्हें लेकर इंग्लैण्ड चली गयी थीं, जहाँ सेवानिवृत्ति के बाद उनके पिता भी चले गए। वहीं पर उनकी शिक्षा हुई।

गंगानाथ झा

गंगानाथ झा

गंगानाथझा– संस्कृत, हिन्दी, मैथिली एवं अंग्रेजी के विद्वान एवं शिक्षाशास्त्री थे। वे हिंदी साहित्य सम्मेलन के सभापति भी हुए। उनके अनेक स्मारकों में इलाहाबाद विश्वविद्यालय का "गंगानाथ झा रिसर्च इंस्टीट्यूट" प्रमुख है। 18 वर्ष की अवस्था में ही उन्होंने संस्कृत में "कतिपयदिवसोद्गमप्ररोह" पद्यात्मक ग्रंथ लिखकर अपनी प्रतिभा का परिचय दिया और तदनतर "पूर्वमीमाँसा के प्रभाकर मत" का मौलिक अनुसंधान लिखकर प्रयाग विश्वविद्यालय की "डी. लिट्" एवं बाद में अगाध पांडित्य से "महामहोपाध्याय" विद्यासागर, और "एल. एल. डी." उपाधियों से समादृत महामहोपाध्याय डॉ. गंगानाथ झा नाम से प्रख्यात हुए। 1923 ई. में डॉ. झा पुनःसंगठित इलाहाबाद यूनिवर्सिटी के प्रथम निर्वाचित कुलपति हुए और लगातार चुनावों के फलस्वरूप 1932 तक उपकुलपतित्व का दक्षतापूर्ण निर्वाह किया। इस अभ्यंतर में कुछ समय वे प्रांतीय लेजिस्लेटिव काउंसिल के मनोनीत सदस्य भी रहे।

❖❖❖